Inhalt

W0307805

Wie motiviert und glücklich bist du?

Wie sagt man so schön: Das Glück fällt nicht vom Himmel. Mal ist es für uns ein Leichtes, gut gelaunt durch den Tag zu kommen – und manchmal eben nicht. Die gute Nachricht: Wir müssen unser Glück nicht allein äußeren Umständen oder Zufällen überlassen, sondern können selbst mitwirken, motiviert, glücklich und gesund zu sein.

Oftmals wissen wir ganz genau, was uns gut tun würde. Dann aber kommt der Alltag dazwischen und macht uns einen Strich durch die Rechnung. Ob privat oder beruflich: Immer wieder sind wir mit neuen Umständen konfrontiert, die uns teilweise ganz schön viel abverlangen. Wir bei WW finden, es ist spürbar, dass sich viele Menschen Hilfestellungen und Anregungen in diesen Zeiten des schnellen Wandels wünschen.

Dieser Ratgeber liefert dir wissenschaftlich basierte Tipps und Tricks für einen gesunden Lebensstil, die dir helfen, Veränderungen herbeizuführen und deine Ziele zu erreichen. Mit 50 Gewohnheiten findest du Unterstützung auf dem Weg zu einem gesunden Lebensstil und Anregungen, mehr aus dir und deinem Tag herauszuholen. Dazu gehören eine gesunde **Ernährung**, mehr **Bewegung**, ein positives **Mindset** und auch guter **Schlaf**.

Genau dieser ganzheitliche Ansatz ist der Schlüssel für deine Abnahme. Lass' dich auf Veränderungen ein – jedoch nur so, wie sie zu dir passen. Der Schritt aus der Komfortzone mag schwierig erscheinen. Diese Schwierigkeit möchten wir dir nehmen: mit Techniken, die neue Gewohnheiten etablieren und Spaß bringen.

Das wird dir auch WW Pro Nadine bestätigen, die dich auf vielen Seiten mit Praxistipps aus ihrer ganz persönlichen Erfahrung versorgt. Dieser Ratgeber ist für jeden, egal ob du im WW Programm bist oder einfach nur deine Gewohnheiten überprüfen oder verändern möchtest.

Lust bekommen?
Weiterlesen!

Wer mehr von WW sowie unseren Produkten und Services erfahren möchte, findet unter ***ww.com*** weitere Informationen.

WW Pro Nadine: Mach' dein Leben rundum lebenswert

Unser WW Pro Nadine steht Mitgliedern in der WW App im Produkt „Digital 360" auf dem Weg zu einem gesunden und zufriedenen Ich zur Seite. Als gelernte Ernährungswissenschaftlerin weiß sie, welch positiven Einfluss eine ausgewogene Ernährung auf das persönliche Wohlbefinden hat.

Da sie auch als Yoga-Lehrerin im Einsatz ist, betrachtet sie sich und andere ganzheitlich und möchte das Leben rundum lebenswert gestalten.

Veggie und Ernährungsfan

Seit 25 Jahren ernährt sich die Vierzigjährige vegetarisch. Ende der 90er-Jahre war sie als Veggie noch ein Exot. Das Thema Ernährung interessierte sie einfach, weshalb sie später ein ernährungswissenschaftliches Abitur absolvierte und anschließend Ökotrophologie studierte.

Im Flow von Yoga und WW

In den 90er-Jahren fing Nadine an, Yoga zu praktizieren – und merkte, wie positiv sich dies insgesamt auf ihr Wohlbefinden auswirkte. Sie stellte fest, dass sie an unterschiedlichen Schrauben drehen konnte, um ausgeglichener und zufriedener zu sein. Weil WW mit den vier Säulen Ernährung, Bewegung, Mindset und Schlaf einen ebenso ganzheitlichen Ansatz verfolgt, fand sie sich im Programm wieder. Denn auch WW Mitglieder ändern viel mehr als ihre Ernährung oder eine Zahl auf der Waage.

Raus in die Natur

Bewegung ist zu Nadines Lebenselixier geworden, insbesondere an der frischen Luft. Rausgehen in die Natur, tief durchatmen, loslassen ... das gibt ihr neben ihren Liebsten und dem sozialen Engagement für Kinder am meisten. Und wenn auch sie mal einen schlechten Tag hat, aus einem guten Tag noch mehr herausholen will, Inspiration sucht oder etwas Neues ausprobieren möchte? Dann lebt sie die Techniken aus diesem Buch, die sie als WW Pro auch an ihre Community weitergibt. Und auch hier in diesem Ratgeber kommen ihre individuellen Tipps und Tricks auf vielen Seiten zum Einsatz.

Du möchtest mehr über Nadine und die anderen WW Pros erfahren? Dann klick hier rein:

N°01

Neue Wege gehen

Einem Weg, den du schon immer gegangen bist, schenkst du kaum noch Beachtung. Auf einem neuen Weg hingegen bist du aufmerksamer, achtest auf Schilder und Geschäfte am Wegesrand – bis du dich auch an diesen neuen Weg wieder gewöhnt hast. Das Gehirn passt sich ständig an und knüpft neue Verbindungen, abhängig von den Erfahrungen, die du machst. Man nennt das Neuroplastizität und die kannst du nutzen. Wenn du also zum Beispiel bei Stress immer zu etwas Essbarem greifst, ist das Gewöhnungssache. Dein Gehirn denkt, dass Essen zum Stress dazu gehört. Hast du also wieder mal Stress, trinke doch stattdessen mal ein Glas Wasser. Die Verbindung zwischen Stress und Essen nimmt so ab. Gute Chancen, die Gewohnheit zu durchbrechen!

N°02

Rezepte für jede Lebenslage

Es läuft gerade einfach nichts nach Plan? Dann biete dem Frust mit einer gesunden Offensive die Stirn. Denn auch wenn Kummer sich mit Süßem oder Fettigem kurzfristig lindern lassen mag – nachhaltig glücklich macht dieses emotionale Essen nicht. Wenn du schon vorher planst, wonach du in solchen Situationen greifen kannst, bist du gut vorbereitet, hast die Zutaten im Haus oder sogar schon einen gesunden Snack parat. Wie wäre es zur Abwechslung beispielsweise mal mit einem Gemüse-Smoothie?

N°03

Mach' Bewegung zur Gewohnheit

Bewegung ist nicht jedermanns Sache. Und doch findest du bestimmt eine Aktivität, die dir Freude bereitet. Das Wichtigste: Anfangen! Das Zweitwichtigste: Weitermachen. Setze dir machbare Ziele und suche dir etwas aus, was du wirklich tun und genießen kannst. Starte zum Beispiel mit einem 15-minütigen Online-Workout oder mach' erstmal einen langen Spaziergang. Je häufiger du dich bewegst, desto motivierter wirst du.

» Bewegung trägt so unglaublich viel zu unserem Wohlbefinden bei! Daher liegt mir das Thema sehr am Herzen. Wie du es schaffen kannst dranzubleiben: Verknüpfe deine Aktivität mit etwas, das dir Freude macht. Ich höre beim Spazierengehen zum Beispiel ganz oft Podcasts oder nutze die Zeit zum Telefonieren. Du kannst auch Trampolin springen und nebenbei eine Serie schauen. Oder verabrede dich mit Freunden. Finde deine Motivation! «

N°04

Stress? Relax!

Dir wird alles zu viel? Es gibt ganz einfache Methoden, die dich auch mitten im Trubel schnell wieder herunterbringen können: Konzentriere dich auf deine Atmung und ändere deine Perspektive, indem du bewusst schöne Momente wahrnimmst. Leg' dein Handy beiseite und entspanne dich einfach oder beweg' dich ein bisschen, um deinen Kopf frei zu bekommen. Und? Schon besser, oder?

N°05

Sleep well, feel well

Du wachst müde und erschöpft auf und fühlst dich insgesamt einfach träge? Jeder vierte Deutsche leidet unter Schlafstörungen. Und das kann sich auch auf Hormone auswirken, die u. a. dein Hunger- und Sättigungsgefühl beeinflussen. Falls abends also das Kopfkino tobt und du dich hin und her wälzt: Lausche im Bett liegend doch mal einer Audio-Meditation, schreibe Sorgen, die du hast, auf ein Blatt Papier und lasse sie somit los oder atme einfach mal ganz bewusst ein und aus. Dein Abend war insgesamt stressig? Versuche Aufgaben besser zu verteilen, um vor dem Zubettgehen bereits zur Ruhe kommen zu können. Auch koffeinhaltige Getränke ab dem Nachmittag und das Smartphone im Schlafzimmer sind für einen gesunden Schlaf hinderlich. Ach so – früher ins Bett gehen schadet natürlich auch nicht. Und dann: Schlaf schön!

„Erholsamer Schlaf ist so wichtig für unser Wellbeing! Versuche das bewusste Atmen mit einem zweisilbigen Wort zu verknüpfen. Atme durch die Nase ein und dann langsam und konzentriert wieder durch die Nase aus. Beim Ausatmen sprich in Gedanken langsam zum Beispiel Ruhe, Friede, schlafen. Wiederhole das so oft du willst."

N°06

Call to Action

Wir neigen häufig dazu, den Weg des geringsten Widerstandes zu gehen. Aber die einfachste Wahl muss nicht unbedingt die beste sein. Wenn du zum Beispiel den Großteil der Woche bequem sitzend an einem Schreibtisch verbringst, frage dich, ob das wirklich sein muss. Versuche doch mal, Energie ins Spiel zu bringen und überlege, wie du deine Umgebung zu deinen Gunsten verändern könntest. Stelle zum Beispiel Dinge wie wichtige Unterlagen, Ordner, den Locher oder eine Obstschale, die du bisher gut erreichen konntest ohne aufzustehen, so weit weg, dass du aufstehen musst. Oder platziere dein Laptop höher und arbeite mal im Stehen. Ganz andere Perspektive und ein Plus an Aktivität.

N°07

Gute-Laune-Booster

„Tanzen ist meine Aktivität Nummer 1 an miesen Tagen. Einfach Musik aufdrehen und lostanzen. Finde deine ganz persönliche Gute-Laune-Booster und integriere sie regelmäßig in deinen Alltag. So fällt es dir leichter, sie an schlechten Tagen gezielt umzusetzen."

Jeder hat mal einen schlechten Tag. Und manchmal möchte man sich einfach nur hängen lassen. Eine Studie[1] aber belegt: Es kann geradezu Wunder wirken, genau dann aktiv zu werden. Der Grund: Wenn wir aktiv sind, setzt unser Gehirn Stoffe wie Serotonin und Dopamin frei, die als echte Gute-Laune-Macher gelten. Sie helfen uns, uns besser zu fühlen. Also rein in die Laufschuhe für eine Runde um den See, ab auf die Matte für 15 Minuten Pilates oder ran an den Hula-Hoop-Reifen für den Extraschwung in deinem Tag. Du wirst sehen: Bewegung kann glücklich machen!

N°08

Einkauf nach Plan

Clever einkaufen ist spontan gar nicht so einfach. Ein Einkaufszettel hilft, im Supermarkt daran zu denken, was man wirklich braucht, und eine gesunde Wahl zu treffen. Du kannst nicht täglich frische Produkte kaufen? Mit länger haltbaren Lebensmitteln wie TK-Gemüse, Thunfisch oder Vollkornnudeln hast du vielseitige Möglichkeiten vorrätig. Noch ein Tipp: Schreibe die benötigten Lebensmittel in der Reihenfolge auf, wie du sie im Supermarkt vorfindest. So musst du vor Ort nicht lange suchen und stößt dabei auch nicht auf Dinge, die du eigentlich gar nicht kaufen wolltest.

N°09

Neue Gewohnheiten etablieren

Viele unserer alltäglichen Handlungen laufen ganz automatisch und unterbewusst ab: die Zähne putzen, die Haustür abschließen oder sich im Supermarkt einen Einkaufswagen nehmen. All diese Gewohnheiten hast du dir irgendwann angeeignet. Also kannst du auch neue Gewohnheiten etablieren. Es empfiehlt sich, mit einfachen Dingen anzufangen und dann darauf aufzubauen. So wird es beispielsweise kein Problem für dich sein, ein Glas Wasser zu trinken, sobald du den PC ausschaltest oder etwas früher schlafen zu gehen, um dich ausgeglichener und fitter zu fühlen. Fange mit kleinen Dingen an. Dann wirst du es später auch schaffen, größere Gewohnheiten zu etablieren – zum Beispiel an einer Yoga-Stunde teilzunehmen.

22:00

N°10

Was ist dein „Warum“?

Warum möchtest du deine Ziele erreichen? Wenn du dir die Gründe dafür vor Augen führst und sogar aufschreibst, fällt dir der Weg dorthin oftmals leichter. Du willst dich zum Beispiel wohler in deiner Haut fühlen, dich gesünder ernähren oder mehr für Freunde und Familie da sein? Dann sind das gute Gründe, aktiv zu werden. Du konzentrierst dich auf die Dinge und Werte, die dir wichtig sind, und es fällt dir so leichter, am Ball zu bleiben – auch wenn es vielleicht mal nicht so gut läuft. Warum also nicht gleich heute damit anfangen?

N° 11

Goodbye Stressessen

Stress kann Ausrede für so vieles sein – auch für die Tafel Schokolade oder Tüte Chips. Wenn du als Reaktion auf ein Gefühl isst, nennt man das emotionales Essen. Das Glücksgefühl dadurch ist jedoch meist von kurzer Dauer und Frust danach vorprogrammiert. Die Folge: Frustessen! Wenn du dir dieses Kreislaufs bewusst wirst, fällt es leichter, ihm ein Ende zu setzen. Unterbrich den Drang, etwas zu essen, mit einer Achtsamkeitsübung, indem du zum Beispiel auf Geräusche achtest, die dich umgeben, deinen Atem bewusst wahrnimmst oder einen Chat mit Freundinnen checkst. Stressessen? Vergessen!

N°12

Vertraue auf dich

Schon mal von Selbstwirksamkeit gehört? Dieser Begriff aus der Psychologie steht dafür, wie sehr du davon überzeugt bist, deine Ziele aus eigener Kraft erreichen zu können. Und das fällt manchmal gar nicht so leicht. Beginne, um an dich zu glauben, mit kleinen Aufgaben, die dir ein Erfolgsgefühl vermitteln, sobald du sie absolviert hast. Wenn du also zum Beispiel noch nicht ganz von deinen Fähigkeiten am Herd überzeugt bist, konzentriere dich zunächst darauf, eine einfache Mahlzeit zu kochen. Das hat geklappt? Dann feiere diesen Erfolg und nimm dir gleich wieder eine Kleinigkeit vor. Noch ein Tipp: Erfreue dich an den Erfolgen anderer, denn diese bestärken dich weiterzumachen.

N°13

Hinsetzen – Aufstehen!

Weil so viele Jobs im Sitzen ausgeführt werden und wir auch in der Freizeit häufig Platz nehmen, ist es wichtig, diese Phasen des geringen Energieverbrauchs zu unterbrechen. Denn Studien[2] zeigen: Wer regelmäßig aufsteht und sich zwischendurch etwas bewegt, kann das Risiko für Herz-Kreislauf-Erkrankungen, Typ-2-Diabetes und einige Krebsarten reduzieren. Jede Stunde für ein paar Minuten zu stehen oder (noch besser!) ein paar Schritte zu gehen und sich zu recken und strecken, tut Muskeln, Organen und Herz-Kreislauf-System gut.

N°14

Think positive!

Die gewünschte Zahl erscheint nicht auf der Waage? Kein Grund, den Kopf hängen zu lassen, denn es gab garantiert auch positive Veränderungen in der letzten Zeit. Erinnere dich also daran, was gut funktioniert hat. Du hast eine gesunde Gewohnheit etabliert, indem du zum Beispiel stets eine Station eher aus dem Bus aussteigst, die Kids gleich ganz zu Fuß in die Kita bringst oder morgens Karotten als Snack für die Arbeit schnippelst? Großartig! Dann wird auch die Waage bald wieder mitspielen.

N°15

Grüne Alternativen ausprobieren

Veggie-Gerichte werden selbst bei Fleischessern immer beliebter. Sie liefern reichlich Eiweiß und Ballaststoffe, halten dich länger satt, sind abwechslungsreich und richtig lecker. Es gibt für fast jedes Gericht auch eine pflanzliche Alternative. Hättest du zum Beispiel gedacht, dass sich ein Schokokuchen auch mit schwarzen Bohnen zubereiten lässt oder Spaghetti mit Linsenbolognese mindestens ebenso gut schmecken können wie das Original? Wer vegetarisch einfach mal ausprobiert, ist häufig überrascht von den tollen Möglichkeiten und dem vielseitigen Geschmack.

BOHNE

N°16

Anders denken, anders handeln

Eine wichtige Erkenntnis der kognitiven Verhaltenspsychologie ist es, dass unsere Denkweise unser Empfinden und damit auch unser Handeln beeinflusst. Ob übermäßige Selbstkritik, Perfektionsdrang oder Pessimismus – vieles kann unserem persönlichen Erfolg im Weg stehen. Wichtig ist es vor allem, sich seiner negativen Gedanken erstmal bewusst zu werden. Ändere dann deine Perspektive: Halte dich nicht lange mit dem auf, was falsch gelaufen ist, sondern konzentriere dich lieber auf die Dinge, die gut laufen, und betrachte Rückschläge als Chancen, an denen du wachsen kannst. Niemand ist perfekt. Übe dich daher in Nachsicht mit dir selbst.

N°17

Hallo kleiner Hunger!

Hungrig solltest du niemals sein. Im Gegenteil: Alle 3 bis 4 Stunden zu essen schadet nicht, wenn du zwischen gesunden Hauptmahlzeiten bevorzugt zu eiweißreichen Snacks, Obst oder Gemüse greifst. Dafür eignen sich beispielsweise ein Vollkornbrot mit magerem Aufschnitt oder Hüttenkäse, Gemüse-Sticks oder Melone gut. Ob im Büro, im Homeoffice oder unterwegs: Wer hier regelmäßig zugreift und den kleinen Hunger in ebenso kleinen Portionen rechtzeitig stillt, lässt Heißhunger gar nicht erst aufkommen.

JULI

N°18

Machbare Vorsätze

Kennen wir sie nicht alle? Diese Vorsätze für das neue Jahr, die schon nach kurzer Zeit verblassen? Das Erfolgsrezept für Vorsätze ist: Sie sollten kurzfristig und machbar sein. Überlege dir für die kommenden Wochen, was dir wirklich wichtig ist. Lieber eine Sache erstmal durchziehen (zum Beispiel nach Feierabend eine lange Runde spazieren gehen), als sich zu viel vorzunehmen (zum Beispiel jede Woche zweimal ins Fitnessstudio und mindestens einmal joggen).

N°19

Bewegung ist Einstellungssache

Du denkst, du bist ein Bewegungsmuffel? Und dass du deswegen gar nicht erst anfangen brauchst? Dann führe dir Momente vor Augen, in denen du dich bewegt hast und Spaß dabei hattest: bei einem Spaziergang mit einer Freundin? Oder auf der Tanzfläche? Nimm das als Beweis: Du hast Kondition! Studien[3] deuten darauf hin, dass du eher aktiv bist, wenn du dich selbst als Sportler siehst. Und das wiederum führt dazu, dass du dich sportlicher fühlst. Es ist also ein Kreislauf und die positiven Gedanken bestärken dich, in Bewegung zu kommen.

Yes

N°20

Sag „ja"!

Wenn wir ab und an selbst Grenzen setzen, indem wir zum Beispiel auch mal „nein" sagen, stellen wir dadurch unsere Bedürfnisse und Wünsche in den Vordergrund. Klingt eigentlich gut – und doch quält uns dann manchmal ein schlechtes Gewissen. Beispiel: Du hattest dir eigentlich einen Spaziergang vorgenommen, aber jetzt ziehst du einen Abend auf der Couch vor. Du fühlst dich jetzt schlecht, oder? Musst du aber nicht! Denke dir vielmehr: „Nur weil ich jetzt etwas anderes mache, heißt das nicht, dass ich versage. Morgen früh plane ich wieder bewusst einen Spaziergang ein." Konzentriere dich auf dieses „ja" zu deiner Planung und damit auf das Ziel, dem du damit näherkommst.

N°21

Vergiss nicht, was dich glücklich macht

Allerlei Verpflichtungen führen häufig dazu, dass die schönen Seiten des Lebens hinten überfallen. Dabei wünschen wir uns doch eigentlich alle den in der Psychologie so benannten „Flow“. Diesen Zustand erreichen wir, wenn wir in unseren Lieblingsbeschäftigungen völlig aufgehen. Also: Herausfinden, was uns glücklich macht und diese Tätigkeiten möglichst häufig umsetzen! So haben wir klarere Gedanken, können leichter Entscheidungen treffen und auch auf Rückschläge besser reagieren. Wir fühlen uns mental und körperlich bestärkt, sind flexibler, kreativer und erreichen unsere Ziele schneller.
Also: Mach den ersten Schritt und integriere das, was dein Herz zum Hüpfen bringt, bewusst in deinen Tag.

„Um dich an die Dinge und Aktivitäten zu erinnern, die dein Herz zum Hüpfen bringen, schreibe dir eine Liste und hänge sie gut sichtbar an einem Ort auf, an dem du oft vorbeigehst. Oder hänge dir Fotos und Bilder von einzelnen Aktivitäten auf. Finde deinen persönlichen Weg, dich an deine Helfer zu erinnern."

N°22

Entscheidungen zuvorkommen

Tagtäglich treffen wir unendlich viele Entscheidungen. Allein zum Thema Essen machen wir uns pro Tag um die 200 Gedanken. Gerade im Stress können auch schon mal falsche Entscheidungen getroffen werden. Planung hilft! Überlege dir im Vorfeld, welche Entscheidungen anfallen könnten und entwickle im Voraus eine „Wenn-Dann-Lösung" für dich. So weißt du in der Situation gleich, was zu tun ist. Wenn du beim Fernsehen meist zu Chips oder Butterkeksen greifst, obwohl du eigentlich etwas Gesundes essen möchtest, stelle beispielsweise schon einen Teller Vollkorncracker bereit. So kommt die Frage nach fettigeren Varianten gar nicht erst auf. Easy!

N°23

Abendroutinen entwickeln

» Bei mir ist es oft eine große Tasse Abendtee, mit der ich es mir auf meinem Sofa gemütlich mache. Manchmal zünde ich mir auch eine Duftkerze an. Wenn die Tasse dann leer ist, gehe ich gelassen und entspannt ins Bett. «

Abendroutinen helfen uns, besser einschlafen zu können und am Folgetag ausgeruhter und fitter zu sein. Erstelle dir einen Plan für die Zeit vor dem Schlafengehen: Du räumst vielleicht noch auf, aktualisierst deine To-Do-Liste für den nächsten Tag, machst dich dann bettfertig und lauschst zum Einschlafen meditativer Musik oder reflektierst, was deine schönsten Momente an diesem Tag waren. Je häufiger du solche Routinen wiederholst und je besser sie zu dir passen, desto eher werden sie zur Gewohnheit. Das beruhigt und kann langfristig sogar Schlafblockaden lösen.

DO
IT
AGAIN

N°24

Erfolge resümieren und wiederholen

Du möchtest neuen Zielen näherkommen? Erinnere dich, mit welchen Gedanken, Gefühlen und Handlungen du in welcher Umgebung zuletzt erfolgreich warst. Du hast etwas geschafft und warst zufrieden mit dem Ergebnis? Vielleicht, als du an einem Sonntag deine Mahlzeiten für den Wochenstart geplant hast, die du am Montag und auch Dienstag wirklich zubereiten konntest? Fühle und denke dich detailliert zurück. Wie kamst du dorthin? So findest du heraus, was dich zu deinem Erfolg geführt hat, und kannst die Strategien wiederholen. Auf erneut gutes Gelingen!

Nº25

Ein Ziel, mehrere Wege

„Folge deinem ersten Impuls, den du jetzt gerade hast, und lege gleich morgen damit los!“

Du weißt, was du willst? Richtig gut schlafen, mehr Bewegung oder eine ausgewogenere Ernährung etablieren? Viele Wege führen zum Ziel! Probiere doch einfach mal verschiedene Methoden aus. Du willst zum Beispiel mehr Aktivität in dein Leben bringen? Ob du nun am Morgen zur Musik tanzt oder nach dem Abendessen noch eine Runde mit dem Fahrrad drehst – was sich für dich am besten anfühlt, könnte zu deiner neuen gesunden Gewohnheit werden!

N°26

Deine Denkweise ändern

„Geht nicht – gibt's nicht"! So eine positive Denkweise kannst du selbst hervorrufen. Während ein „Fixed Mindset" dich glauben lässt, die Dinge nicht beeinflussen zu können, kann dir bewusstes „Wachstumsdenken" helfen, flexibler und lösungsorientierter zu werden. Wenn du deinen Alltag beispielsweise entspannter angehen möchtest, dir aber gleichzeitig den Druck vor Augen führst, dem du privat oder beruflich ausgesetzt bist – innehalten! Nimm dir einen Moment, um dir bewusst zu machen, dass du Dinge ändern kannst, und dass du in der Hand hast, wie du mit äußeren Umständen umgehst. Hinsetzen, Beine in Yoga- oder Schneidersitz platzieren und einfach mal durchatmen. Und nun überlege, was dich nachhaltig weiterbringen und positiv stimmen könnte – ein Rückenkurs zum Beispiel?
Jetzt nicht denken „das wird eh nichts", sondern „es wird funktionieren".

N°27

Charmant „nein" sagen

> **„Mache dir darüber hinaus bewusst, dass ein Nein zu jemand oder etwas ein liebevolles und ehrliches Ja zu dir ist!"**

Oftmals wissen wir sehr gut, was wir möchten und was nicht. Und dazu sollten wir auch stehen! Was aber, wenn andere etwas möchten, was uns nicht passt? Dann ist es wichtig, gerade Freunde nicht zu enttäuschen. Wenn sich also eine Freundin mit dir treffen möchte, du aber momentan einfach zu viel um die Ohren hast: Bedanke dich für ihren Vorschlag, lobe ihre Idee, erkläre, warum es schwierig für dich ist – zum Beispiel „ich muss heute einfach mal abschalten" – und biete unbedingt eine Alternative, zum Beispiel „wir könnten ja morgen mal telefonieren". So hilfst du deinem Gegenüber, dein „nein" zu akzeptieren und positiv gestimmt zu bleiben.

„Wusstet du, dass das Sättigungsgefühl erst nach ca. 15 bis 20 Minuten einsetzt? Wenn du schneller isst, kannst du gar nicht bemerken, dass du vielleicht schon genug gegessen hast. Probiere die Tipps daher unbedingt einmal aus."

N°28

Schwelgen leicht gemacht

Eine Untersuchung[4] zeigt, dass wir eher zu viel essen, wenn wir uns aufgrund der Umgebung, des Ambientes in einem Restaurant oder bei einer Party besonders wohlfühlen. Und ja, solche Anlässe sind auch zum Schwelgen da. Dennoch gibt es tolle Möglichkeiten, auf die leichte Weise zu genießen. Gönne dir für ein leichtes Sättigungsgefühl vorab zum Beispiel einen gesunden Snack oder bewahre dir die Hälfte auf – für eine Extraportion Genuss am „day after“. Und: Genieße dein Essen bewusst, indem du langsam isst, lange kaust und dein Besteck auch mal beiseite legst.

N°29

Zeit optimal nutzen

Manchmal ist es unglaublich, wie schnell die Zeit vergeht, ohne viel geschafft zu haben. Umso wichtiger, dass wir Zeit effektiv nutzen. Denn eine Studie[5] zeigt, dass das Gefühl, nicht genug Zeit zu haben, auch eines der größten Hindernisse für körperliche Aktivität und eine gesunde Ernährung ist. Um herauszufinden, wie wir Zeit sparen können, ist es wichtig, den Überblick zu bekommen, wofür wir unsere Zeit einsetzen. Halte dafür doch einfach mal im 1-Stunden-Takt fest, was du in der jeweiligen Stunde zuvor gemacht hast. Welche Aktivitäten könnten gekürzt oder gar gestrichen werden, damit mehr Zeit für die Dinge auf deiner Wunschliste bleibt? Manchmal muss man sich die Zeit eben einfach nehmen.

„Ich habe gelernt, dass die Zeitfrage immer eine Prioritätenfrage ist, und möchte dich ermutigen, dein Wohlbefinden und deine Gesundheit zu deiner Priorität zu machen! Bei mir persönlich hat das dazu geführt, dass ich wesentlich ausgeglichener und zufriedener bin und daraus wiederum Energie und Motivation für andere Dinge schöpfen kann."

N°30

Auf Kurs bleiben

Wer sein Ziel, zum Beispiel gesunde Gewohnheiten zu etablieren, aus den Augen verliert, möchte den Kopf manchmal einfach nur in den Sand stecken. Diese Taktik hat jedoch noch niemanden weitergebracht. Um auf Kurs zu bleiben, stelle dir die Frage, was diese Woche ein toller Erfolg für dich wäre. Vielleicht, wieder aktiver zu werden? Dann suche nach Möglichkeiten, dir den Weg dorthin leichter zu machen. Plane dir beispielsweise feste Zeiten für Bewegung ein. Schreibe auf, was gut oder auch schlecht läuft. Und tausche dich darüber mit Menschen in deiner Umgebung aus. Du wirst sehen – es funktioniert!

N°31

Bequemlichkeit nutzen

» Super Tipp! Ich koche grundsätzlich die doppelte Menge und habe so schon immer mein Mittagessen für den nächsten oder übernächsten Tag griffbereit im Kühlschrank stehen. «

Ja, man neigt schon mal dazu, bequem zu sein. Eine Eigenschaft, die man sich zunutze machen kann! Wenn du dich zum Beispiel gesünder ernähren möchtest – mach's dir möglichst leicht, indem du Snacks portioniert und auch eingefroren griffbereit hast. Brownies beispielsweise lassen sich gut separat tiefkühlen. Später nur einen auftauen – verhindert, gleich zwei zu verputzen.

N°32

Zusammen stärker

Zusammen ist man nicht nur weniger allein, sondern auch stärker – zum Beispiel beim Sport. Ist die richtige Truppe erst einmal beisammen, läuft alles gleich leichter und auch besser. Man fühlt sich bestärkt, kann sich gegenseitig motivieren und gemeinsame Ziele schneller erreichen. Es ist daher wichtig, Menschen zu kennen (oder kennenzulernen!), die dich inspirieren und aufbauen können. Triff dich mit solchen Freunden zum Pilates an der frischen Luft, werde Teil einer Laufgruppe oder suche dir einen Personal Trainer, der motivierend auf dich wirkt. Du wirst sehen: Mit anderen Menschen potenziert sich auch der Spaß.

N°33

Aller guten Dinge sind drei

Häufig sehen wir vordergründig Sorgen, Ängste und Probleme – also alles, was nicht so gut läuft. Dabei hilft es, den Fokus auf das Gute zu richten. Und davon gibt es oft mehr, als du vielleicht gerade denken magst. Wie das gehen soll? Mit Dankbarkeitstechniken! Wer sich in Dankbarkeit übt, wird nämlich glücklicher. Und wer glücklicher ist, trifft gesündere Entscheidungen. Denke vor dem Schlafengehen darüber nach und führe dir drei gute Dinge vor Augen, die dir der Tag gebracht hat. Du wirst mit einem Lächeln einschlafen und glücklicher in den nächsten Tag starten.

Nº34

Akzeptiere, dass „gut Ding“ Weile braucht

Es gefällt niemandem, traurig, niedergeschlagen oder frustriert zu sein. Dabei gehören negative Gedanken und Gefühle schlichtweg zum Leben dazu – und manchmal solltest du dir einfach Zeit für sie nehmen. Wenn es also mal gar nicht funktioniert, positiv zu denken, ist das auch ok. Mach dir keine Vorwürfe, sondern gib dich deiner schlechten Laune ruhig auch mal hin. Nutze die Zeit, um mit Dingen, die dich belasten, aufzuräumen. Was hat sich angestaut? Auf was bist du sauer? Und warum enttäuscht von dir oder anderen? Versuche, für dich ein paar Punkte zu klären. Und selbst, wenn du erst keine Antwort parat hast, lass' deinen Emotionen doch einfach mal freien Lauf. Du wirst sehen: Indem du deine Verfassung akzeptierst, fühlst du dich weniger schlecht und öffnest Türen für positive Momente.

N°35

Verlockungen? Kein Problem!

Versuchungen gibt's an jeder Ecke! Und manchmal scheinen Lebensmittel, die wir gerne mögen, förmlich unseren Namen zu rufen. Der Grund dafür: Unser Gehirn hat gelernt, dass wir sie lieben und ist daher besonders darauf fokussiert. Besser also, den Umgang mit Verlockungen aktiv anzugehen, als zu versuchen, ihnen zu entkommen. Wenn die Kollegin also saftige Schoko-Brownies mitbringt oder der Partner beim Fernsehabend in die Chipstüte greift – kurz innehalten, um zu überlegen, ob so ein Snack auch für dich heute passt. Manchmal genügt es schon, sich einfach eine kleine Portion Chips in einer Schale zu nehmen oder eine gesunde Alternative parat zu haben – herzhafte, leichte Muffins zum Beispiel.

N°36

Schenke deinem Atem Beachtung

Manchmal merken wir gar nicht, wie sehr wir durch unseren Alltag hetzen. Und dann stellen wir abends fest, dass wir einen ganzen Tag lang kein einziges Mal in uns hineingehorcht und uns gefragt haben, wie es uns eigentlich gerade geht. Uns in Achtsamkeit zu üben, bedeutet vor allem auch, mal einen Gang rauszunehmen. Einfach mal innehalten, still stehen oder sitzen, ohne sonst irgendetwas zu tun, hilft bereits. Und wenn du nur eine Minute hast, atme doch mal ganz bewusst ein und aus. Wie fühlt sich das an? Was gibt es dir? Und jetzt stell dir beim Ausatmen vor, Ballast abzuwerfen, der dich gerade herunterzieht. Und? Fühlst du dich leichter?

N°37

Strebe nach Fortschritt, nicht nach Perfektion

Wenn du immerzu nach Perfektion strebst, kann dich das daran hindern, deine Ziele schlussendlich zu erreichen. „Ob wir unsere Ziele zu hoch stecken oder zu viel erwarten: Wer sich selbst nur Höchstleistungen abverlangt, riskiert, auf halber Strecke das Handtuch zu werfen. Daher gilt: Realistische Ziele setzen und sich von vornherein klarmachen, dass man weder perfekt ist noch alles perfekt laufen wird. So ist man auf mögliche Rückschläge und Herausforderungen eingestellt und kann sie im Fall des Falles besser überwinden. Wenn du doch einmal niedergeschlagen bist: Nicht aufgeben, sondern sich fragen, wie ein guter Freund mit der Situation umgehen würde. Das hilft bestimmt!

N°38

An gesunde Alternativen gewöhnen

Es ist mit vielen Dingen so: Ist der Anfang erst einmal geschafft, steigt durch die positiven Veränderungen die Motivation. So auch beim Thema Ernährung. Wer eine Zeit lang auf gesunde Alternativen setzt, zieht sie irgendwann auch dann vor, wenn Süßes oder Fettiges gleich danebensteht. Wer also von Chips auf leichtere Vollkorncracker umstellt, wird sich irgendwann an das gute Gefühl danach gewöhnen. Auch Obst ist beispielsweise immer eine gesunde Alternative und kann in kleinen Mengen püriert und eingefroren ein leckeres und gesundes Eis am Stiel ergeben.

N°39

Wenig hilfreiche Gedanken? Abstellen!

Gedanken spielen sich im Kopf ab. Sie sind keine Fakten! Du entscheidest daher, welchem Geistesblitz du nachgehst und welchen du vielleicht bewusst weiterziehen lässt. Wenn du also einen negativen Gedanken hast: Was würde sich daraus entwickeln, wenn du ihn annimmst? Vermutlich keine allzu gute Handlung, richtig? Reagiere auf den wenig hilfreichen Gedanken mit einem Realitätscheck. Wenn es deinem Gedanken nach zum Beispiel mit der Ernährung gerade schlecht läuft – führe dir vor Augen, was diese Woche gut gelaufen ist. So kannst du es schaffen, umzudenken. Nach dem Motto: „Ist zwar blöd gelaufen, aber es gab auch Positives und die Woche ist schließlich noch nicht vorbei."

»Besonders toll ist daran, dass du für die Steigerung deiner Alltagsbewegung keine spezielle Ausrüstung brauchst. Du kannst einfach nutzen, was schon da ist. Noch mehr Laune macht es mit einem Schrittzähler, der dir deine kleinen und großen Erfolge schwarz auf weiß anzeigt. Probier's aus.«

$N^o 40$

Triff die aktive Wahl

Du findest Treppen mühsam und den Aufzug einfach entspannter? Das ist ab und an ok, aber mach' dir bewusst: Auch kleine Schritte führen zum Erfolg. Ob im Bahnhof, im Shoppingcenter oder bei der Arbeit – wir stehen immer wieder vor der Wahl, die Treppe zu nehmen oder die Rolltreppe bzw. den Aufzug zu bevorzugen. Nutze dies als Beginn, Bewegung in deinen Alltag zu integrieren, indem du versuchst, diese kleine Hürde bewusst zu nehmen. Das kann nicht nur Rückenschmerzen vorbeugen, sondern fördert auch den allgemeinen Gesundheitszustand und macht mit der richtigen Einstellung gute Laune. Tipp: Fange mit kleinen Treppen an und steigere dich dann, indem du schlussendlich vielleicht sogar zwei Stufen auf einmal nimmst.

N°41

Ziele müssen funktionieren

Ziele helfen dir, das Beste aus dir herauszuholen. Das gilt jedoch nur dann, wenn sie auch wirklich für dich funktionieren. Frage dich, in was du gut bist, welche Neigungen oder Interessen du hast. Wenn du zum Beispiel gut organisieren kannst – nutze diese Fähigkeit, um dir gesunde Mahlzeiten für die Woche im Voraus zu planen. Und falls du vielleicht eine Lerche bist, nutze dein frühes Aufstehen doch gleich für einen Spaziergang zum Start in den Tag.

MO DI MI DO FR SA SO

N°42

Erkenne deine Stärken

Hast du Stärken? Garantiert! Indem du sie dir immer wieder vor Augen führst, kannst du schneller auf sie zurückgreifen, wenn du einmal Rückschläge überwinden musst oder vor einer Herausforderung stehst. Und auch in schwierigen Situationen bleibst du dann zuversichtlich. Mache dir daher in Ruhe Gedanken darüber, worin du richtig gut bist, was dich einzigartig macht und wann du dich am besten fühlst. Schreibe dir deine Gedanken auf und wiederhole sie für dich. Man nennt das „Affirmation“, was so viel heißt wie „Bejahung“. Sie könnte zum Beispiel lauten: „Ich bin stark, zuversichtlich und clever!“.

Nº43

Sei gut zu dir selbst

Wenn eine Freundin oder ein Freund einen Misserfolg erlebt, sprichst du ihr oder ihm gut zu, oder? Sich selbst hingegen verurteilt man häufig und übt Kritik an den eigenen Schwächen. Eine Studie[6] zeigt: Wenn wir bemerken, wie wir anderen gegenüber Mitgefühl zeigen, bringen wir dieses Mitgefühl eher auch uns selbst entgegen. Und jeder trifft mal auf Hindernisse! Sei also nicht so hart zu dir, sondern zeige auch dir gegenüber Mitgefühl und Verständnis. So akzeptierst du dich wie du bist und deine Ziele rücken in greifbare Nähe.

„Oh ja, das kenne ich auch gut. Was du das nächste Mal tun kannst: Umarme dich selbst ganz liebevoll. Atme zwei bis drei Mal bewusst tief ein und aus und spüre die Berührung, nimm die Wärme deiner Hände ganz bewusst wahr."

QUARK

N°44

So läuft's nach Plan

Der Weg vom kleinen Hunger zum Loch im Bauch ist manchmal ganz schön kurz. Und dann passiert es: Wir essen, was gerade da und – wenn auch ungesund – nach unserem Geschmack ist. Dem kannst du vorbeugen, indem du leichte Mahlzeiten wie einen Quark mit Früchten oder einen Salat und gesunde Snacks bewusst im Voraus planst und vorbereitest. Positioniere diese Gerichte sichtbar im Kühlschrank, portioniere auch Kekse und andere Snacks vorab schon in der Nasch-Schublade und nimm für unterwegs Mandeln oder Früchte mit. So bist du auf alle Eventualitäten vorbereitet und deinem Ziel ein gutes Stück näher.

N°45

Alles unter Kontrolle

Es gibt immer irgendetwas, worüber man sich ärgern kann. Meist sind es jedoch Dinge, die wir gar nicht ändern können – sei es der Straßenverkehr, das Wetter oder ein Kollege. Je mehr wir uns mit diesen Dingen beschäftigen, desto gestresster sind wir. Indem du aber versuchst, gewisse Situationen hinzunehmen, gewinnst du ein Stück weit die Kontrolle darüber. Und erwiesenermaßen fühlen wir uns am besten, wenn unser Leben in kontrollierten Bahnen verläuft. Konzentriere dich daher bewusst auf das, was du beeinflussen kannst. So bleibst du gelassener und es fällt dir leichter, deine Ziele zu erreichen.

„Was mir außerdem hilft: Meine Teekanne oder Wasserflasche stehen immer in Sichtweite. So greife ich viel häufiger zum Glas, noch bevor ich richtig durstig bin. Wenn ich unterwegs bin, habe ich immer eine kleine Wasserflasche im Auto oder in meiner Handtasche dabei.“

Nº46

Wasser nicht vergessen

Wasser ist so wichtig. Es bringt die Nährstoffe dahin, wo sie gebraucht werden, und hilft dabei, Abbauprodukte über die Nieren aus dem Körper zu schwemmen. Etwa 1,5 bis 2 Liter am Tag sollten es schon sein, um das Flüssigkeitsverhältnis im Körper stabil zu halten. Je nach Körperbau, Alter und Aktivität kann die Menge variieren. Zu wenig Wasser kann zu Kopfschmerzen, Konzentrationsstörungen und auch Müdigkeit führen. Du vergisst andauernd das Trinken, blickst am Mittag lediglich auf eine Tasse Kaffee zurück und findest Wasser zu geschmacklos? Dann versuche doch mal, dein Wasser mit etwas frischem Obst oder Kräutern aufzupeppen, stelle dir zur Erinnerung an das Trinken einen Wecker am Handy oder nutze einen digitalen Wassertracker. So kannst du dein Wohlgefühl steigern – gluck, gluck, Glück!

N°47

Beobachten, ändern, beibehalten

Wenn du eigene Gewohnheiten überdenkst, kann dies zweierlei Konsequenzen haben: Du findest deine Gewohnheiten ok und möchtest sie beibehalten. Oder du möchtest sie ändern. Wenn du sie beibehalten möchtest, weil sie dir guttun: Nimm dir täglich bewusst Zeit dafür, zum Beispiel für dein routinemäßiges Walking nach dem Mittagessen. Du möchtest eine Gewohnheit ablegen? Zum Beispiel, dass du beim Fernsehen immerzu snackst? Dann probiere etwas Neues: Lies einfach mal ein Buch statt fernzusehen oder setze dich nicht wie gewohnt auf die Couch, sondern auf einen Stuhl, weit entfernt vom Tisch, wo gewöhnlich die Snacks stehen. Du wirst sehen, solche Kleinigkeiten können dein Verhalten grundlegend ändern.

Smile

Nº48

Bewusster Genuss

In der Hektik des Alltags dient Essen häufig nur noch dem schnellen Stillen eines Hungergefühls. Dabei sollte man Essen bewusst genießen und langsam zu sich nehmen, um den Geschmack zu schätzen und auf sein Sättigungsgefühl zu achten. Oftmals essen wir nämlich im Stress mehr als wir müssten. Wie du das änderst? Indem du dich beim Essen zum Beispiel nicht durch dein Handy oder andere elektronische Geräte ablenken lässt. Konzentriere dich auf deine Mahlzeit: Was siehst du? Wie schmeckt es? Welche Konsistenz haben die Lebensmittel, die du gerade zu dir nimmst? Und wie hört es sich an, wenn du abbeißt? Bereite dein Essen so vor und nimm es so zu dir, als wärst du dein eigener Gast. So hast du mehr von deiner Mahlzeit – ohne mehr zu essen.

N°49

Blick zurück, um voranzukommen

Häufig neigen wir dazu, nach vorn zu denken. Was steht morgen an? Was muss ich fürs Wochenende noch einkaufen? Wie feiere ich meinen nächsten Geburtstag? Dabei macht es durchaus Sinn, zurückzublicken, um aus Fehlern zu lernen oder fortzuführen, was gut gelaufen ist. Nimm dir daher doch diese Woche mal Zeit, um auf die letzten 3 bis 6 Monate zurückzublicken und versuche dies zur Routine zu machen, um nachhaltig davon zu profitieren. Familie, Freunde, Arbeit, deine Gesundheit – womit warst du zufrieden, worauf bist du stolz und was möchtest du, vielleicht im kommenden Halbjahr, ändern? Deine Erkenntnisse werden dir helfen, deinen Zielen näherzukommen. Setze dir diese am besten kurz- und auch langfristig. Indem du mit kleinen Dingen schnell erfolgreich bist, steigt die Motivation, in Zukunft noch mehr zu erreichen.

N°50

Finde zu innerer Stärke

Unsere innere Stärke wird im Laufe unseres Lebens beispielsweise durch Schicksalsschläge oder schwierige Situationen immer wieder auf die Probe gestellt und kann uns ab und an sogar ganz verlassen. Sie lässt sich aber auch wiederherstellen! Wichtig ist dann, zu erkennen, was dich gerade an dir zweifeln lässt: Hast du etwas nicht ganz verarbeitet? Wenn ja, könntest du dir in diesem Punkt Hilfe suchen? Wer mindert dein Selbstwertgefühl? Und musst du dich mit dieser Person umgeben? Reflektiere deinen Charakter, deine Ziele und Wünsche und das, woran du glaubst. Zufriedenheit entsteht, wenn du mit vielen Punkten in Balance bist, dazu gehören Gesundheit, Freunde und Familie, deine Arbeit, materielle Sicherheit und auch deine Lebenseinstellung.

Meine Notizen

Meine neuen Lieblingsgewohnheiten

Meine Ziele

Meine Erfolge

....

....

....

....

....

Meine Glücksmomente

....

....

....

....

....

Entwickle deinen ganz persönlichen Lifestyle – WW hilft dir dabei!

Es gibt so viele Möglichkeiten, aus einem mäßigen Tag einen tollen Tag zu machen. Dabei helfen dir die 50 Gewohnheiten aus diesem Buch mit all den Tipps rund um eine gesündere Ernährung, mehr Bewegung, ein positives Mindset sowie einen erholsameren Schlaf.

Manchmal aber braucht man das Extra an Unterstützung. Ganz individuell nach deinen ganz persönlichen Bedürfnissen. Für diese Momente haben wir ein breites Sortiment an Produkten entwickelt, das dir Hilfestellung geben kann. Nicht nur für WW Mitglieder, sondern für alle Interessierte.
Und das Beste ist: Das WW Programm selbst ist so individuell und ganzheitlich wie nie zuvor – und das gilt auch für die Bandbreite an Zusatz-Unterstützung.

So findest du bei uns Lebensmittel, die wir bestmöglich entwickelt und für dich ausgesucht haben. Leckerste Frühstücksvarianten wie Porridges und Brot oder Frühstücks-Wraps, damit du gestärkt in einen vollgepackten Tag starten kannst. Gekühlte Fertiggerichte, wenn es mittags mal schneller gehen muss, aber trotzdem lecker und ausgewogen sein soll.

Süße Riegel und Kekse für eine kleine Pause, oder Protein-Snacks, wenn es nachmittags oder abends noch sportlich werden soll.

Es gibt auch clevere Hilfsmittel für deine Küche. Damit wird Kochen einfach, schnell und praktisch und macht außerdem noch Spaß. Vom Spiralizer für köstliche Gemüsenudeln über smarte Behältnisse für dein persönliches Meal-Prep bis hin zu unseren beliebten Kochbüchern, die dir jede Menge Inspiration für deine Küche bieten. Da erledigt sich die morgendliche Frage, was man abends Leckeres kochen kann, von ganz alleine. Und zusätzlich wirst du alle mit deinen tollen Gerichten begeistern. Aber das Beste für alle Teilnehmer am Programm ist: Von Lebensmitteln über Kochbücher bis hin zu Küchenhelfern – alles ist über das Punktesystem mit deinem persönlichen Programm in Einklang und hilft dir dabei, deine Ziele zu erreichen.

Neben Helfern für eine ausgewogene Ernährung haben wir zum Beispiel auch smarte Trinkflaschen, die dir helfen, deine Flüssigkeitsaufnahme über den Tag im Auge zu behalten. Tools, die dich beim Einschlafen unterstützen, damit du morgens frisch in den Tag starten kannst oder Literatur, die dir auf einem Weg zu einem entspannten Ich helfen kann. Zum Beispiel mittels Yoga, Schlaftechniken oder Achtsamkeitsübungen.

Du entscheidest, ob du zusätzliche Unterstützung benötigst und wann. Lass dich inspirieren von mehr als 450 Produkten auf ***wwshop.de***

Impressum

Herausgeber & Redaktion
WW (Deutschland) GmbH
Claudia Braun, Iris Hermann

Illustrationen
Just my Types Designbüro
Isabel Ceh

Texte
herz und seele – Die PR Manufaktur
Tina Sedlmeier

Gestaltung & Realisierung
Geschmackswerk UG
Petra Penker, Silke Höpker

Druck
paffrath print & medien GmbH

PEFC
PEFC/04-31-1066

PEFC zertifiziert. Dieses Papier stammt aus nachhaltig bewirtschafteten Wäldern und kontrollierten Quellen. www.pefc.de

WW (Deutschland) GmbH
ww.com
ww-gesundekueche.de
Info-Hotline 0211 3687 4236
ISBN 978-3-9822975-1-4

1. Auflage 2021

klimaneutral
natureOffice.com | DE-221-KKVHBZ1
gedruckt

Quellennachweis

[1] Richards J, et al. Don't Worry, Be Happy: Cross-Sectional Associations Between Physical Activity and Happiness in 15 European Countries. BMC Public Health. 2015;15(35), Seite 20

[2] Dweck CS. Mindset: The New Psychology of Success. Ballantine; 2006.
& Orvidas K, Burnette JL, Russell VM. Mindsets applied to fitness: Growth beliefs predict exercise efficacy, value and frequency. Psychology of Sport and Exercise. 2018;36:156-61, Seite 32

[3] Strachan SM, Fortier MS, Perras MGM, Lugg C. Understanding variations in exercise-identity strength through identity theory and self-determination theory. International Journal of Sport and Exercise Psychology 2013;11(3):273-285.
& Cardinal BJ, Cardinal MK. Changes in exercise behavior and exercise identity associated with a 14-week aerobic exercise class. Journal of Sport Behavior 1997;20(4):377-386, Seite 44

[4] Sussman AB, Atler AL, Paley A. Mental accounting for food in exceptional contexts. Advances in Consumer Research. 2016;44:174-178, Seite 63

[5] Andajani-Sutjahjo S, Ball K, Warren N, Inglis V, Crawford D. Perceived personal, social and environmental barriers to weight maintenance among young women: a community survey. International Journal of Behavioral Nutrition and Physical Activity. 2004;1(1): Seite 64

[6] Breines JG, Chen S. Activating the inner caregiver: The role of support-giving schemas in increasing state self-compassion. Journal of Experimental Social Psychology. 2013;49(1):58-64, Seite 92